# CONSEILS ÉLECTORAUX

### ADRESSÉS

# AU PEUPLE TRAVAILLEUR [1]

### C'EST-A-DIRE :

Aux petits cultivateurs, propriétaires ou fermiers, qui plient sous le faix des charges et de l'usure;

Aux petits marchands et artisans qui halètent sous les faillites et les chômages;

Aux ouvriers et journaliers qui ne subsistent que par le travail de leurs bras et auxquels le travail manque si souvent;

Aux prolétaires qui composent nos armées;

A tous ceux que la charité publique laisse végéter et croupir dans la misère et l'ignorance;

A tous ceux enfin qui n'ont d'autre partage, dans notre société actuelle, que la misère et les privations;

**En un mot : au plus grand nombre.**

---

*Mes Bons Amis,*

Ayez foi dans cet écrit; car celui qui vous parle n'est point un de ces beaux messieurs des villes contre la langue dorée desquels vous avez l'habitude de vous tenir en garde; c'est un de vos frères. Né au village

[1] L'auteur ne pouvant adresser cette brochure à chacun des travailleurs du département, fait appel au patriotisme de tout lecteur à qui elle tombera sous la main, pour qu'après l'avoir lue il en propage le contenu et la fasse promptement circuler parmi ses connaissances.

1849

et fils d'un pauvre paysan, je suis resté paysan tout en habitant les villes, et je m'en honore : aussi aujourd'hui que je suis revenu aux champs, je connais d'autant mieux vos sentiments et vos besoins , que jamais je ne vous ai perdu de vue. Oui , ayez foi dans mes paroles, car, croyez-le , il faut que ma conscience soit bien révoltée pour que , n'écoutant que ce cri de l'âme : *Fais ton devoir, advienne que pourra* , je me hasarde ainsi à braver la seule récompense qui m'attende, c'est-à-dire les railleries de ceux qui ne verront en moi que la *mouche du coche*, puis les calomnies et la haine de tous ceux dont j'aurai froissé les opinions ; oui, ayez foi et confiance ; car, au nom du ciel, qui ne peut vouloir vous éprouver toujours, au nom de l'humanité tout entière, au nom de la patrie que, malgré toutes vos misères, vous aimez tant , au nom de vos pauvres enfants et de tout ce qui souffre autour de vous, je vous le dis en vérité : le moment suprême qui doit décider de tout votre avenir et de celui de l'Europe est arrivé ; la prédiction de Napoléon va s'accomplir : *Avant cinquante ans*, disait-il sur le rocher de Sainte-Hélène , *l'Europe sera ou républicaine ou cosaque*. Eh bien ! les temps sont venus pour cette prédiction ; car, dans quelques jours, l'heure des élections générales aura sonné , et cette heure, où le peuple sera , peut-être pour la dernière fois, le seul maître, décidera à jamais de son sort et de celui du reste de l'humanité.

En effet, vous dont le bon sens n'est pas faussé par le venin du *Constitutionnel* et des autres journaux réactionnaires, mais qui pourtant connaissez si peu la cause de vos maux, que vous ne savez pas distinguer vos amis d'avec vos ennemis, et prenez souvent l'un pour l'autre ;

Vous tous que la proclamation de la République exaltait si fort il y a un an, parce que vous y voyiez le gage d'une ère nouvelle, d'une vie de bonheur, comme elle l'aurait été en effet si le Gouvernement provisoire, plus d'accord, mieux inspiré dans sa mission de salut public, l'eût énergiquement fait servir à l'éducation républicaine du pays et ne l'eût résignée que quand tout aurait été consommé et consolidé sans retour sous la seule sanction du peuple.

Vous tous qui votiez comme un seul homme pour la consolidation de cette grande œuvre, parce que, pleins de foi, vous supposiez à tous vos représentants l'amour du peuple et de la patrie ;

Vous tous enfin qui, bientôt désillusionnés et à bout de mécomptes, étiez pourtant si peu découragés, il y a à peine quatre mois, que vous rouvriez vos cœurs au seul nom de *Napoléon*, non pas, comme vos ennemis le prétendent, parce que, las de la République, vous vouliez ressusciter l'Empire, mais parce que vous espériez que le neveu du grand homme rendrait la nation grande et heureuse, lui supposant tout d'abord le génie et les sentiments qui auraient divinisé son oncle s'il était resté général et consul de la première République, c'est-à-dire si la vanité et l'ambition ne l'avaient pas enivré et perdu, après nous avoir ravi toutes nos libertés ;

Vous tous, gens de travail, c'est-à-dire : gens utiles et tellement indispensables que, sans vous, sans vos travaux, le riche mourrait de faim sur son or, tous les trésors du monde n'ayant pas la valeur réelle d'un morceau de pain ; vous tous, dis-je, voyez et jugez.

C'est en vain que, pour la seconde fois, vous avez chassé les rois ; plus que jamais leurs créatures sont au pouvoir, peuplent les administrations et occupent toutes les places, en appelant le règne d'un nouveau maître.

C'est en vain que, proclamant la république démocratique, c'est-à-dire *le règne de tous par tous, au nom et dans l'intérêt de tous*, le peuple avait entendu secouer pour toujours le régime despotique, illégal, violent, corrupteur et égoïste du dernier règne ; qu'il avait voulu remplacer tout cela par la pratique de notre

sublime devise toute chrétienne : *liberté*, *égalité*, *fra-*
*ternité*; jamais le pouvoir n'a été, surtout depuis quelque temps, plus dur, plus violent; jamais plus d'illéga-
lités n'ont été commises; jamais la liberté n'a été moins
respectée; jamais les conséquences de la *fraternité*
n'ont été plus méconnues; jamais enfin plus de haines,
de méfiances, de calomnies n'ont été semées et entre-
tenues à l'égard du peuple travailleur et de tous ceux
qui veulent l'amélioration de sa condition.

C'est en vain que ce peuple s'était montré si grand,
si généreux, si oublieux après sa victoire; car voyez
avec quelle dureté, quelle barbarie on en use envers
vos malheureux frères qui, pour la plupart, égarés par
la misère ou par l'or de l'étranger, succombèrent en
juin dans une lutte à jamais regrettable; voyez combien,
au lieu de se contenter de les vaincre et même de les
punir, on les a calomniés, les accusant hautement de
toutes parts d'avoir pillé, volé, incendié, empoisonné,
coupé têtes, bras et jambes à nos soldats, alors que,
fort heureusement pour l'honneur du nom français, il
n'en était absolument rien.

C'est en vain qu'un cri général était parti appelant
une foule de réformes, d'améliorations sociales dans
l'intérêt de l'agriculture, de l'industrie et des classes
populaires. Non-seulement le pouvoir et la majorité qui
nous gouvernent ne font rien, n'améliorent rien, mais,
ils le disent hautement, *il n'y a rien à faire*, sinon à
resserrer la compression.

Enfin, c'est en vain que le peuple et le gouvernement
de la République à son aurore avaient promis à des nations voisines et amies de les secourir au besoin; c'est
en vain que le peuple rêvait déjà la résurrection de la
pauvre Pologne, notre sœur; car, non-seulement nous la
laissons sous l'étreinte du Cosaque, mais notre gouvernement, loin de tendre une main amie à l'Italie, qui se
débat sous le fer de ses oppresseurs, sympathise haute-

ment ou fait alliance avec ses bourreaux ; bien plus, au moment où je trace ces lignes à la hâte, voici qu'une expédition est décrétée dans le but évident de comprimer l'élan révolutionnaire de ce malheureux pays.

Or, comme pour continuer ce système anti-national, anti-humain, et pour le pousser jusqu'à ses dernières limites, le parti qui domine et gouverne n'a besoin que d'une seule chose, d'obtenir la majorité dans les élections qui se préparent. Vous le voyez bien, j'ai raison de vous le dire : *C'est ce jour qui décidera à jamais de votre sort;* car, quand partout l'esprit républicain aura été comprimé, au moindre signe de vie qu'il donnera à l'encontre de la restauration qui se prépare, les barbares du Nord, les Cosaques, qui déjà sont en marche, arriveront à l'aide pour en finir, comme ils le disent, et réaliser ainsi la prédiction napoléonienne.

Mais si cet écrit pénètre jusqu'à vous, s'il peut vous persuader et que vous suiviez ses enseignements, soyez-en bien convaincus : vous verrez bientôt la fin de vos maux, une ère de paix et de bonheur s'ouvrira pour vous et pour les autres; car enfin, je le répète, tout dépend du résultat des élections, et comme, après tout, vous en êtes les maîtres, puisque vous êtes incontestablement les plus nombreux, vous pouvez le faire entièrement tourner à votre profit.

Ceci posé et entendu, écoutez-moi :

Trois grands partis vont se disputer le succès dans les élections.

Le premier de ces partis, celui surtout qui compte sur la victoire, car il sait qu'il possède presque exclusivement la fortune, les honneurs, les places et les richesses, et il croit savoir qu'à l'aide de sa position, qui le rend, à votre égard, votre maître, votre créancier et votre protecteur, il pourra disposer de vos votes, est composé, d'abord, des légitimistes de tout rang, puis, des bonapartistes ou impérialistes, ensuite, de tous les partisans du roi déchu ou d'un maître quelconque, en un mot : ce parti se compose de tous ceux *qui veulent à tout prix se débarrasser de la République, et conséquemment de la nécessité où ils sont aujourd'hui de compter avec vous.* — Seulement d'accord sur les moyens, ils ne le seront pas sur le but s'ils réussissent, car les légitimistes voudront le rappel de leur idole, Henri V, tandis que les bonapartistes voudront ressusciter l'empire ; quant aux autres, comme ils n'ont d'autre foi, d'autre religion que celle de leur or et de leurs places ou fonctions, ils s'accommoderont d'un maître quel qu'il soit.

Le programme apparent de ce parti se résume dans ces mots : *rétablissement de l'ordre.*

Le second parti se compose de tous ces anciens libéraux qui, républicains de la veille ou du lendemain, n'ont voulu ou accepté la République que pour eux ou les leurs, qui, pas plus que les royalistes, n'ont confiance dans le peuple, et ne voudraient sérieusement l'émanciper, ni améliorer son sort ; qui n'ont jamais fait la guerre au pouvoir que pour en obtenir la possession ; qui voudraient le ressaisir aujourd'hui, non pour réformer les vices et les abus, mais pour les exploiter en maintenant les choses à peu près comme elles sont ; qui, en un mot, veulent le maintien de la République, mais de la République telle qu'elle est constituée et régie ; gens au cœur sec et positif, grands partisans de la légalité, quelle qu'elle soit, d'ailleurs, au tempérament peureux, qui n'iraient pas, il est vrai, jusqu'à aider à l'asservissement de leurs frères à l'étranger, mais qui, pas plus que les royalistes, ne répondraient à leur cri de détresse. —Les hommes de ce parti revendiquent exclusivement le titre de *républicains honnêtes et modérés.* Ils se disent les seuls vrais amis de l'ordre, et n'ont garde d'être confondus avec ce qu'ils appellent les *exaltés,* les *radicaux,* qu'ils nomment les *rouges,* malgré que ce soit à ceux-là

qu'ils doivent tout ce qu'ils ont été et tout ce qu'ils sont.
—Le programme de ce deuxième parti diffère peu de
celui du premier, il se résume dans ces mots : *le maintien de l'ordre.*

L'un et l'autre de ces partis sont soutenus de toutes
parts au milieu de vous par la multitude innombrable de
fonctionnaires, de fournisseurs et d'intéressés de toute
sorte et de tout rang, flanqués de leurs parents, créan-
ciers et amis.

Le troisième parti, mes bons amis, c'est le vôtre, car
c'est celui des vrais amis du progrès, des travailleurs de
tout rang et de tout état; c'est celui qui veut sérieusement les réformes radicales qui seules peuvent améliorer
votre position ; c'est celui qui ne veut pas seulement que
la devise républicaine soit gravée sur nos murs, mais
qu'elle règle nos institutions et nos lois pour pénétrer
ensuite dans nos mœurs; c'est, en un mot, celui qui veut
une république, mais *une république vraie,* c'est-à-dire
une *république démocratique,* qui fasse le bonheur de
tous en donnant à chacun les moyens de vivre en paix du
fruit d'un travail assuré; qui s'indigne et s'élève contre
un régime qui n'a de républicain, c'est-à-dire de *frater-
nel,* que le nom.

Eh bien, laissez les meneurs et les créatures du premier parti s'agiter et se concerter dans l'ombre ; je dis
dans l'ombre, car vous pouvez le voir déjà partout, ce
parti, qui se remue et délibère depuis deux mois, n'a eu
garde de permettre à aucun contradicteur de participer
à ses réunions, et jamais il ne le permettra, tant il sait
qu'il n'est ni dans la justice ni dans la vérité. Laissez-le
vous cajoler, vous pourtant qu'il dédaigne si fort,
vous dont il ne cesse d'accuser les vices, l'ignorance et les
mauvais instincts, comme si ce qui peut être vrai de tout
cela n'était pas son ouvrage; laissez-le sournoisement vous
vanter la royauté et blâmer le régime républicain; car la
royauté, elle doit être bien jugée chez nous sans doute,

nous qui pendant une durée de plus de 14 siècles de monarchie, ne comptons pas, sur 75 rois ou empereurs, deux de ces prétendus oints du Seigneur qui n'aient pas fait le malheur de la nation ou n'y aient contribué, soit par leurs passions, leurs vices, leurs débordements et leur ambition ; soit par ceux de leurs femmes, de leurs maîtresses et de leurs courtisans, car la soi-disant *légitimite* ne peut plus être prêchée qu'à des niais, chacun sachant parfaitement que le Bon Dieu n'a pas créé une race d'hommes tout exprès pour gouverner les autres, qu'au contraire, il a voulu que tous les hommes fussent libres et égaux, ce qui est tellement vrai, que la plus sanglante critique des rois se trouve dans la bouche de *Samuel, ce prophète du peuple de Dieu par excellence, comme chacun sait* (voyez la Bible au 1er livre des rois, chapitre 8.). Tout le monde sait que la royauté n'a jamais été établie que par l'usurpation ou la conquête ; que les rois n'ont jamais cessé de s'entre-détrôner tant qu'ils l'ont pu, et que leur prétendue *légitimité* n'a jamais eu d'autre fondement que celui de la force.

Laissez-les vous dire que la France est trop grande et trop peuplée pour rester en république, car ils mentent : dans l'antiquité, beaucoup de républiques étaient bien plus vastes et bien plus peuplées, et de nos jours, nous voyons les Etats-Unis d'Amérique, c'est-à-dire un empire dix fois plus considérable que le nôtre, vivre heureusement en république.

Laissez-les vous dire que dans une république il y a beaucoup moins de luxe, conséquemment moins de travail que sous une royauté, car ils mentent encore : le luxe de toutes les monarchies de l'Europe réunies, n'approche pas de celui des républiques antiques; d'ailleurs, outre qu'une *république vraie* a de grandes fêtes nationales, et qu'elle fait construire des monuments grandioses, vous concevez que le luxe d'un despote et de sa cour ne peut se comparer à celui d'une nation entière qui vit et prospère heureuse et paisible.

Haussez les épaules quand ils vous diront que la république est ennemie de la religion, car le Christ et ses apôtres étaient républicans ; car toutes les républiques qui existent de nos jours sont chrétiennes.

Ne les écoutez pas quand il vous diront que vos misères actuelles sont causées par la Révolution de Février, car ces misères n'ont pas d'autres causes que les anciens vices de notre organisation sociale, et elles cesseront radicalement avec les réformes que nous appelons ; car dès avant Février une crise financière était devenue imminente pour tous les esprits, et si les conséquences de cette crise inévitable ont été aggravées par la Révolution, c'est parce que cette Révolution n'a rien changé, rien amélioré, c'est parce que les royalistes y ont aidé tant qu'ils ont pu, en suspendant leurs travaux, retirant leurs capitaux pour les employer à augmenter leurs fortunes, afin d'acheter à vil prix, qui des propriétés, qui des marchandises, qui des fonds publics, dont la baisse était devenue effroyable.

Ils vous parleront de 93 et de ce qu'ils nomment ses horreurs ; ils vous représenteront les éternelles fantasmagories de la guillotine, des assignats, du maximun et de la terreur ; répondez-leur, ce qui est vrai, ce que l'histoire est obligée de reconnaître, à savoir que tous les malheurs et les excès de cette époque (d'ailleurs, la plus glorieuse de notre histoire) ne sont imputables qu'aux ennemis de la Révolution et du peuple, à ceux qui émigraient et armaient l'étranger contre nous, à ceux qui l'amenaient sur nos frontières et dans nos cités, à ceux qui organisaient à l'intérieur *la Vendée, la chouannerie, les chauffeurs et les conspirations de tout genre.*

Enfin, pour en terminer avec leurs discours et leurs doctrines, rappelez-vous que ce parti a de tout temps fait ses preuves de patriotisme, de désintéressement et d'amour du peuple, que nous l'avons vu à deux reprises appeler les Cosaques dans nos chaumières, battre les mains à la nouvelle de nos désastres, se refuser en tout temps à l'éducation du peuple et à l'amélioration de son sort; que grâces à eux sous le dernier règne, places, honneurs, consciences, tout était devenu vénal; que jamais la mendicité et le vagabondage ne furent plus grands; que jamais il n'y eut plus de crimes, surtout dans les hautes classes de la société; plus de grèves d'ouvriers ; que, de même qu'actuellement, jamais l'honneur national ne fut plus abaissé à l'étranger; que jamais il n'y eut plus d'égoïsme et de corruption; et que, d'ailleurs, les royalistes sont bien mal venus à évoquer sans cesse le souvenir de 93, eux qui, sans parler de la Saint-Barthélémy et d'une foule d'autres faits historiques, ont de nos jours si bien pris leur revanche par les *verdets*, les *chevaliers du poignard* et du *soleil*, et par les cours dites *prévôtales*, etc., qu'ils devraient enfin le reconnaître ; tous les partis ont besoin d'union et d'oubli.

Quant au second parti, il délibère aussi quelque peu à la sourdine, car, pas plus que le premier, il ne voudrait de contradicteurs; pas plus que le premier, il ne pourrait vous étaler son véritable programme, et, comptant seulement vos votes, comme des appoints qui lui sont acquis, il n'a garde de vous appeler à ses réunions intimes ; il n'y admet non plus que des gens à lui, des gens choisis; laissez-le donc; d'ailleurs, vous le connaissez ce parti, car, personnifié dans le général *Cavaignac*, vous l'avez vu à l'œuvre pendant cinq mois, vous savez quelle a été son administration, ses vues, ses tendances, ses actes, tant à l'intérieur qu'à l'extérieur, en un mot : parce qu'il a fait, parce qu'il vous a accordé de bien-être et de réformes, alors qu'il était tout-puissant; vous savez ce que vous auriez à en attendre s'il le redevenait.

Oui, laissez tout cela, et ayez confiance, ayez foi en vous-mêmes, c'est-à-dire à ce troisième parti qui, je vous l'ai dit, est le vôtre, car c'est celui des *vrais républicains, des démocrates, du peuple.*

Mais, vous dit-on, ce sont *des rouges, des communistes, des socialistes*, ils veulent le *partage des biens*, ils sont des ennemis *de l'ordre, de la religion, de la famille et de la propriété*.

Encore, bien que je n'aie jamais lu une ligne des écrits des prétendus *communistes* et *socialistes*, il doit m'être d'autant plus permis de vous édifier sur cette étrange accusation, que ceux d'entre vous qui me connaissent le savent. J'aime la famille, car je suis père de famille, et toute ma vie se passe au foyer domestique; j'aime la propriété, car de longs et durs travaux m'ont acquis une honnête aisance que je voudrais bien transmettre à mes enfants; j'aime l'ordre, car, je le crois, sans ordre il ne peut y avoir ni stabilité, ni bonheur, et, Dieu merci, jamais je n'ai conspiré.

D'abord, si on nous a affublés du nom de *rouges*, gardez-vous de croire que ce soit parce qu'on nous accuse d'aimer le sang; non, d'ailleurs, l'accusation serait trop inouïe à l'égard de gens qui, vainqueurs au 24 Février et seuls maîtres partout, n'ont à se reprocher, ni une goutte de sang, ni une persécution, ni une spoliation, malgré pourtant que beaucoup d'entre eux eussent bien des méfaits, bien des injures à venger; à l'égard de gens qui ont fait de suite décréter l'abolition de la peine de mort en matière politique, et qui ne cessent de la réclamer en matière civile. — Ce n'est pas cela; voici ce que c'est :— Vous savez que sous nos rois dits *légitimes*, le drapeau national était blanc, la couleur blanche étant celle de la royauté. — Il en fut ainsi jusqu'en 1789, époque où la nation, ayant reconquis ses droits, voulut compter avec la royauté; alors le drapeau fut composé de trois couleurs : le blanc, couleur du roi; le bleu, couleur de la noblesse; le rouge, couleur du peuple. Or, comme aujourd'hui, nous n'avons plus ni roi ni noblesse, au moins reconnue, plusieurs auraient voulu que leurs couleurs disparaissent du drapeau, qui, ainsi, serait resté rouge. Voilà, mes bons amis, la cause de cette qualification de *rouges*; nous en rions d'autant plus volontiers que la plupart de nous n'ont jamais songé à ce changement de drapeau.

Voyez ensuite si le reste de l'accusation a plus de fondement : nous sommes, dit-on, des *communistes et nous voulons le partage des biens*, mais il faudrait commencer par se mettre d'accord, car si nous sommes *communistes*, si nous voulons que *tout soit commun*, nous ne pouvons vouloir *que tout soit partagé également et individuellement*; puis, outre qu'aucun esprit sensé ne pourrait même croire à la possibilité du *communisme*, à moins que ce ne fût entre des moines, que, pour mon compte, je nie énergiquement qu'il existe aucun véritable *communiste*; que je n'en ai jamais vu, et qu'il n'en a jamais existé, si non du temps des apôtres et des premiers chrétiens, époque où tout était si bien mis en commun entre eux, que nous voyons saint Pierre frapper de mort *Ananie et Saphire*, sa femme, qui lui apportaient le prix de leurs biens, parce qu'ils en avaient conservé une partie ( voir la Bible, actes des Apôtres, Chap. 5 ). Outre cela, comment donc oser nous reprocher d'attenter à la propriété, nous qui, avant tout, voulons la liberté pour tous, nous qui ne cessons de réclamer que la propriété soit dégrevée, que l'agriculture soit encouragée et améliorée, nous qui voudrions que la vie et les jouissances de la propriété fussent accessibles à tous, qui ne demandons qu'une chose : l'amélioration et le respect des droits de tous,

Nous sommes *les ennemis de la famille*, mais qui donc l'aime et la comprend mieux que nous, nous qui voudrions que l'univers ne formât plus qu'une grande famille, qu'au moins, tous les membres de la nation agissent entre eux comme de véritables frères, nous qui, agrandissant singulièrement le cercle dans lequel la loi oblige les parents à s'entre secourir, voudrions que nul ne pût tomber dans la nécessité, sans être aussitôt aidé et relevé, nous qui voudrions tant que chaque ménage pût jouir en paix des douceurs infinies du foyer domestique !

Nous sommes les ennemis de la religion, mais nous nous croyons plus religieux que nos adversaires, car nous voulons comme l'Évangile : la pratique *de la fraternité* dans la grande famille humaine, et eux; oubliant le divin précepte : *Aimez-vous les uns les autres*, ne prêchent que l'égoïsme, l'isolement, *le chacun pour soi le chacun chez soi;* car nous croyons à la perfectibilité de la condition humaine, et eux, probablement pour la décharge de leur conscience, ne craignent pas d'enseigner et de professer qu'une sorte de fatalisme enchaîne invinciblement une portion de la société sous le joug de l'autre ; nous sommes forcément *spiritualistes*, c'est-à-dire : que nous croyons à l'existence de Dieu et à l'immortalité de l'âme; car, selon nous, quiconque n'a pas cette foi, cette croyance, ne peut être un républicain bien sincère ni bien sûr ; or, dans les rangs de nos adversaires et à leur tête, nous ne voyons, le plus souvent, que *des athées et des matérialistes.*

Mais nous sommes des *socialistes*, ah oui ! et nous nous en faisons gloire, car par *socialisme* nous n'entendons qu'une chose : la réforme des abus qui existent du haut en bas de l'échelle sociale, et nous ne pouvons avoir pour contradicteurs et pour ennemis sur ce terrain, que ceux qui profitent de ces abus; voilà pourquoi nous sommes, à leurs yeux, des révolutionnaires, et pourquoi nous le serons tant que nous n'aurons pas obtenu les réformes que nous demandons, car, pour nous, la révolution ne sera finie que quand il en aura été ainsi; car, comme révolution signifie changement, remplacement, substitution d'une chose à une autre, et que chargés de réparer un édifice vermoulu, nous ne croirions pas en avoir finit quand nous aurions remplacé sa girouette, nous disons que, comme l'on n'a encore changé que celle de notre édifice social, rien ne sera terminé tant qu'on ne l'aura pas sondé et réparé dans toutes ses parties. — Ceci vous explique aussi comment ils peuvent prétendre que nous sommes *des anarchistes, des ennemis de l'ordre*, car eux, par *ordre*, ils entendent la compression silencieuse du peuple, son obéissance absolue et sans discussion, dans les mille liens qui l'asservissent et le tiennent enchaîné ; ils entendent que rien ne sera changé à ce qui est, à ce qui existe, c'est-à-dire, aux monopoles, aux abus, aux priviléges qui causent tous nos maux, ils veulent que tout s'incline sous leur volonté appuyée sur la force brutale de leurs polices et de leurs baïonnettes ; tandis que nous, par *ordre*, nous entendons l'établissement d'une harmonie sociale, basée sur celle de la nature, laquelle donne tellement la vie, le mouvement, la liberté et une existence assurée *sous la seule condition du travail*, aux millions d'êtres qu'elle anime, que dans l'univers, il n'y a que l'homme, *le travailleur par excellence*, qui soit exposé à mourir de faim ; par *ordre* nous entendons le complet développement, pour chacun, de ses facultés, en tant qu'il n'attente aux droits de personne ; par ordre, nous entendons enfin, que nul ne puisse avoir un droit qui attente à celui des autres.

Au surplus, vous jugerez mieux nos principes en voyant quel serait mon programme ou ma profession de foi, si (ce dont je n'ai garde) je briguais l'honneur de vous représenter, je le livre à nos abversaires afin qu'ils le combattent s'ils peuvent, eux qui n'osent produire les leurs, je l'offre à nos amis, c'est-à-dire : au peuple, afin qu'il le prenne pour guide si son propre sort le touche.

Je voudrais, je demanderais, et selon moi tout candidat sollicitant le vote du peuple, devrait prendre l'engagement de demander :

1° Que la liberté de la presse, la liberté individuelle, celle de s'assembler, et de se réunir paisiblement pour s'éclairer et se moraliser ne soient plus de vains mots, que ces libertés soient partout respectées sous les plus grandes peines ; que nul citoyen ne puisse être arrêté, tant qu'il n'a pas été condamné ou mis en accusation, sinon en cas de flagrant délit en matière criminelle, et que tout fonctionnaire coupable d'attentat à ces libertés, fût à l'instant même suspendu et mis en jugement.

2° Que si nous n'accordons pas secours et assistance aux nations qui luttent pour l'établissement chez elles de la liberté, au moins nous nous opposions, même par les armes, s'il le faut, à ce que l'étranger se mêle de leurs débats intérieurs.

Je voudrais d'ailleurs, qu'à l'extérieur comme à l'intérieur nos fonctionnaires, nos magistrats et nos agents, choisis parmi les vrais républicains, montrassent par leurs actes, qu'ils ont foi en la République et qu'ils sont dévoués à sa cause.

3° Je voudrais la diminution et une meilleure répartition des impôts.

Je dis qu'il est inoui de voir que depuis 1830, nos dépenses ont augmenté de moitié ; de telle sorte que nos budjets ordinaires sont plus que doubles de ceux de notre première république, et dépassent de 500,000,000 ceux de l'empire ; qu'il est inoui et dangereux de voir que chaque année, depuis plus de 30 ans, l'État dépense plus qu'il ne reçoit, en sorte qu'aujourd'hui nous devons près de 10 milliards.

Je dirais que, comme nul de nous, Dieu merci, ne songe à la banqueroute, il faut, au contraire, que l'État dépense, à l'avenir, moins qu'il ne recevra, et qu'ainsi il faut diminuer les dépenses en simplifiant ou supprimant une foule de rouages administratifs, d'emplois et de sinécures reconnus inutiles dans toutes les branches, par les meilleurs esprits ; en rendant gratuites beaucoup de fonctions qui sont salariées et qui pourraient ne pas l'être ; en remplaçant les abus et les gaspillages qui existent de toute notoriété dans les travaux, fournitures, établissements et entreprises de l'État; en les remplaçant, dis-je, par l'ordre et l'économie; qui s'abstiendraient, à coup sûr, au moyen d'une surveillance intelligente et sévère.

En diminuant l'effectif permanent de notre armée de terre, au moyen de l'organisation d'une réserve qui permettrait de n'avoir en temps de paix sous les drapeaux et alternativement que la moitié de l'effectif réel.

En allégeant singulièrement les dépenses de notre cavalerie, au moyen de l'adoption du mode d'entretien qui se pratique dans plusieurs états de l'Allemagne; là, chaque régiment de cavalerie caserné envoie alternativement chaque moitié de ses chevaux chez des cultivateurs qui, sous la surveillance d'un sous-officier, stationnant dans la contrée, les emploient aux travaux des champs et les tiennent ainsi en santé, sous la seule condition de les nourrir et de les soigner.

Je dirais que nul impôt direct ne devrait être assis que sur le revenu, attendu que n'ayant ici-bas et ne pouvant jamais avoir que l'*usufruit des choses*, leur revenu seul devrait être imposé.

Je voudrais donc la suppression de la *cote dite personnelle :* je la considère comme nne atteinte à la diguité de l'homme.

Je voudrais la suppression de l'impôt : *dit des portes et fenêtres*, je le tiens pour sauvage et inhumain; car il contribue plus qu'on ne pense, à nuire à la santé du peuple.

Je dirais, quant à l'impôt *du mobilier*, que sa base étant et ne pouvant être que des plus iniques, il doit également disparaître.

Je dirais enfin que *l'impôt foncier* devrait être confondu dans celui unique dit *du revenu* que nous appelons.

Je voudrais que cet impôt direct, unique, atteignît tout cè qui chez nous est réellement revenu net, comme revenus de la terre, soit par sa culture, soit par le fermage, pensions, traitements, rentes, intérêt, émoluments ou produits de charges et emplois, bénéfices annuels dans toutes les professions, étant souverainement injuste, que celui de tous ces revenus qui est le plus dur à obtenir, paie seul pour tous les autres; je soutiens qu'il serait beaucoup moins difficile, qu'on ne le dit d'arriver à asseoir les bases de cet impôt d'une façon équitable.

Je voudrais d'ailleurs, que, comme cela se pratique en Angleterre, à cause de l'*Incôme-Taxe*, qui n'est autre chose que l'impôt sur le revenu, la taxe ne commençât qu'à partir du chiffre reconnu nécessaire à la subsistance du citoyen qu'il s'agirait d'imposer, en sorte que, mes amis, vous le voyez, le pauvre peuple qui, lui, ne possède quasi rien de tout ce qui constitue le revenu et, qui, pourtant, paie tant d'impôts aujourd'hui, *s'en trouverait tout à fait exempt.*

Je voudrais surtout que l'impôt fût *progressif,* c'est-à-dire qu'il augmentât de degré en degré comme le revenu lui-même; car le mode actuel est inique, le riche ne payant jamais l'impôt que sur son superflu, tandis que le pauvre ou l'homme malaisé, le petit propriétaire ou fermier, le prennent sur leur nécessaire.

4° Je voudrais l'abolition des contributions indirectes ou *droits réunis,* dont d'ailleurs la perception et la rentrée coûtent des sommes fabuleuses à l'Etat.

Je voudrais que cette branche du revenu de l'Etat fût remplacée par un impôt direct qui frapperait chaque vigneron et serait assis chaque année au moment où le produit de la vigne serait facile à reconnaître et à apprécier : de cette façon, chaque cru, chaque qualité de vin seraient classés, et comme la taxe serait acquittée par le vigneron aux mains du percepteur, et par 12ᵉ, de même que tout autre impôt direct, il aurait la libre et absolue disposition de ses produits; il les vendrait et expédierait quand et comme il le voudrait, sans nulle formalité.

Inutile de vous faire remarquer combien le peuple surtout, et le commerce en général, se trouveraient bien de l'emploi de ce mode.

5° Je demanderais l'abolition complète des octrois; je dis que leur produit net serait des plus faciles à retrouver au moyen d'un impôt local dit de *consommation*, dont d'ailleurs le pauvre peuple serait, bien entendu, exempt.

6° Sans exproprier pour cela les diverses compagnies d'assurances contre l'incendie qui exploitent la France, je voudrais qu'il fût permis de se faire assurer par l'Etat, certain que bientôt ce mode deviendrait pour l'Etat une source importante de revenus.

7° Je voudrais, au moins successivement, la suppression de tous ces péages et droits dits de navigation, qui, à cause de leurs frais de perception, rapportent si peu et entravent si fort le commerce et la circulation : je regarde que tout cela est indigne d'un grand peuple.

8° Je voudrais que l'Etat expropriât l'exploitation des lignes de chemins de fer et des canaux au moyen d'un rachat raisonnable pour lequel il serait créé des titres de créance *ad hoc* remboursables par annuités aux époques fixées par les statuts de chaque société.

9° Je voudrais que nul cumul ne pût exister ni dans les emplois, ni dans les pensions et traitements, et que l'incompatibilité pour les fonctions de représentant du peuple fût étendue à tous les emplois salariés, sans exception

10° Je demanderais que tout ce qui a été payé de l'impôt dit des 45 centimes, par tout citoyen ayant une cote d'impôts ordinaires inférieure à 100 fr., lui fût restitué en le reportant sur les cotes supérieures, au moyen d'une répartition suivant le mode d'impôt progressif; je demanderais cela parce que cet impôt, qui a été décrété malgré nous et malgré les nôtres, n'aurait jamais dû atteindre le pauvre ni l'artisan.

11° je demanderais qu'un droit de mutation proportionnel frappât toutes les transactions de la Bourse, quant aux fonds et aux effets publics, et qu'il ne puisse plus s'y faire aucun marché *à terme*, à peine de destitution immédiate des agents de change qui en seraient coupables.

En fait de droits de mutation, je demanderais la suppression de ceux successifs en ligne directe, sauf à augmenter ceux en ligne collatérale.

12° Je demanderais l'abolition successive de la vénalité des charges, cette plaie sociale de la Restauration; je ne comprendrais toutefois l'abolition qu'en indemnisant intégralement les titulaires actuels, mais par l'emploi d'un moyen qui ne coûterait presque rien au trésor. Après l'abolition, je voudrais que les charges ne soient plus accordées que par voie de concours et ainsi au seul mérite, à la capacité, et à la moralité.

13° Je demanderais, quant à l'instruction publique :

Qu'elle ne fût confiée qu'à de bons citoyens, à de purs démocrates, dont les livres, les leçons et les enseignements seraient en rapport avec notre état social actuel;

Qu'elle fût gratuite pour tous et à tous les degrés de l'enseignement; que les études comprissent partout l'enseignement professionnel et agricole;

Et qu'au sortir de l'école primaire, l'enfant du pauvre, reconnu par un jury apte à recevoir un enseignement supérieur, fût pendant toute la durée de cet enseignement, pensionné aux frais du département.

14° Comme l'homme en naissant acquiert, de par la nature, le droit *de vivre*, c'est-à-dire celui d'avoir dans la société, comme tout le monde sa part de liberté et d'alimentation physique et morale (nul homme n'ayant besoin

et ne dépensant jamais que cela, fût-il cent fois million-
naire), et que la nature ne lui impose que la condition de
travailler selon ses facultés, il en résulte que la société
doit du travail ou des secours à tous.

Donc s'il en fallait abandonner l'espoir de voir
organiser le travail (chose que, pour mon compte, je regarde comme impossible à réaliser), au moins demande-
rais-je que le pauvre travailleur, l'ouvrier qui n'a que
ses bras pour nourrir sa famille, fût assuré de ne jamais chômer.

Je demanderais qu'en tout temps la société aidât à
augmenter la somme des travaux par ceux dits d'utilité
générale, et qu'en temps de crise, en cas de fermeture
brusque ou de chômage d'un établissement industriel
quelconque, comme forges, mines, usines, etc., l'Etat
ou la commune, ou le département, put immédiatement
reprendre cette exploitation sans indemnité envers le
propriétaire.

Je demanderais que le mode de travail par associa-
tion ou participation aux bénéfices fût partout prêché,
encouragé et récompensé ; je demanderais même qu'il
fût imposé aux grands établissements, comme bazars,
forges, mines, grandes fonderies, etc. ;

Qu'un asile fût fondé dans chaque arrondissement
pour les travailleurs vieux ou infirmes, ou que des as-
sociations dites de *secours mutuels*, subventionnées par
les localités, fussent formées pour les aider à domicile ;

Que partout le pauvre fût soigné et médicamenté gratuitement dans ses maladies ;

Que les indigents invalides, de même que les ouvriers
qui se trouveraient sans travail, fussent secourus à domicile aux frais de chaque commune, sauf l'aide des localités voisines et plus favorisées ; qu'à ce moyen, la mendicité, cette honte de notre société, fût absolument in-
terdite ;

Que dans chaque commune il y eût, au moins, un

asile ou crèche pour soigner gratuitement l'enfant de la pauvre mère qui travaille hors de sa maison ;

Qu'enfin le travail des prisons ne puisse faire concurrence au travail civil ; car je voudrais que ses produits fussent partout distribués et répartis aux nécessiteux gratuitement.

15° Je demanderais que la magistrature fût partout élective ;

Que l'institution des assesseurs pour les juges de paix fût rétablie, et qu'elle fût même étendue aux tribunaux civils et d'appel, dont, à ce moyen, le personnel pourrait être singulièrement réduit ;

Que l'arbitrage fût partout encouragé, et qu'il fût même imposé dans les contestations dites de famille, entre proches parents ;

Que la procédure fût simplifiée, et, entre autres réformes, que le bénéfice de la loi commerciale en matière de faillite, quant au mobilier des faillis, fût étendu aux matières civiles, c'est-à-dire que nul mobilier saisi ne pût être vendu sans qu'au préalable la portion jugée nécessaire à l'usage de la famille eût été réservée ;

Que l'institution du jury fût étendue aux matières correctionnelles toutes les fois que la peine encourue dépasse une année d'emprisonnement, et que le jury eût voix délibérative avec les magistrats, en toute matière, pour l'application des peines qu'il pourrait mitiger à son gré, que la liste annuelle du jury fût composée par la voie de l'élection, et qu'une indemnité fût accordée à tout juré malaisé.

Qu'enfin la peine de mort fût abolie.

16° Je demanderais que l'on augmentât le traitement des ecclésiastiques de toutes les religions, desservant les villes et communes de la République, mais qu'à ce moyen leur casuel ou leur rétribution pour les actes spirituels de leur ministère fût supprimé.

17° Quant à l'armée, je demanderais :

Que le remplacement militaire fût aboli;

Que la révision précédât le tirage;

Qu'en temps de paix et de prospérité on cherchât à employer le soldat aux grands travaux publics;

Que tous les grades inférieurs à celui de chef de bataillon fussent remis à l'élection des soldats, à condition de ne choisir que dans le grade immédiatement inférieur à celui où il faudrait pourvoir;

Que la paie des militaires fût augmentée et qu'un système de retraites plus large et plus égalitaire que celui existant fût décrété;

Que le Code pénal militaire fût révisé;

Et enfin que, sans nuire à la discipline qui n'a rien à voir dans la conscience citoyenne du soldat, on le laissât, hors le service, libre de s'éclairer et de s'inspirer républicainement avec ses frères.

18ª Je voudrais la réforme totale de notre système pénitentiaire; l'abolition des bagnes ou galères, et d'ailleurs que l'on fît tourner cette réforme à l'amélioration physique et morale des condamnés.

Je voudrais qu'en toute matière pénale le chiffre de condamnation des amendes fût proportionné à celui de la fortune du coupable et qu'il s'élevât avec lui.

19° Je demanderais, non le rappel de la loi du 27 avril 1825 qui a accordé un milliard d'indemnité aux émigrés, mais qu'une révision fût faite quant à la répartition des 30 millions de rente 3 p. 0/0 distribués, afin de rechercher tous ceux qui, ayant alors une fortune personnelle de 6,000 fr. de revenu et au-dessus, y auraient pris, et de leur faire restituer le capital qui leur aurait été distribué. Je demanderais cela parce que, d'un côté, le milliard d'indemnité fut un scandale national, et d'autre côté, que grâce à la digne gestion des rois et des aristocraties qui se sont succédé depuis 1825, non-seulement nous n'avons pu rien en payer encore, mais nous avons doublé et triplé nos dettes.

20° Je demanderais que l'agriculture fût véritablement aidée et encouragée.

En la mettant à même de s'aider gratuitement des pratiques étrangères, des semences qui lui seraient inconnues et des instruments nouveaux dont la découverte lui serait avantageuse ;

En lui procurant gratuitement les moyens de perpétuer les meilleures races d'animaux étrangers, car il est inouï de nous voir constamment rester, à ce sujet, tributaires des nations voisines pour des sommes énormes.

En concédant pendant un temps plus ou moins long, sous la seule condition de sa mise en valeur, tout terrain que son propriétaire laisserait improductif, comme *landes, marais, bruyères stériles, dunes,* etc.

En encourageant par tous les moyens les baux à longue durée, et en améliorant notre système de vicinalité.

Enfin, en réformant notre système hypothécaire et en créant et organisant le *crédit foncier*, soit par les voies simples et rapides que j'ai indiquées moi-même dans une brochure publiée il y a six mois, soit de toute autre façon, certain que je suis de voir cette création augmenter la prospérité agricole et commerciale du pays, d'une façon prodigieuse.

21° Je demanderais une amnistie générale pour tous les faits et actes antérieurs à la promulgation de la Constitution, d'autant plus que je ferais remarquer aux adversaires de cette grande mesure de réconciliation, qu'au 13 vendémiaire an iv (5 octobre 1795), la bourgeoisie de Paris se mit en révolte armée et marcha contre l'Assemblée nationale d'alors, que, grâces surtout aux vrais républicains, cette enceinte fut vaincue après un combat sanglant, mais que loin d'en fusiller, traquer et poursuivre les fauteurs, on les laissa tranquillement fuir et rentrer chez eux, sans en inquiéter un seul.

22° Comme la condition du travailleur des campagnes va sans cesse en empirant, à cause de l'emploi des machines et de l'usage des découvertes de tout genre qui ont tué partout le travail des femmes et des enfants dans les chaumières, notamment la filature à la main et le tissage ; je voudrais que l'on s'ingéniât à leur en redonner, soit en augmentant et variant les travaux agricoles, soit de toute autre façon.

Je voudrais encore, pour les campagnes, la création d'un journal qui, résumant les nouvelles de la semaine et traitant des pratiques agricoles, serait adressé chaque dimanche au maire, à l'instituteur, afin d'aider à l'éducation et à la moralisation du peuple.

Tel serait, mes bons amis, le résumé de mon programme et de mes vœux réformistes, c'est-à-dire de ceux de l'opinion politique à laquelle j'appartiens.

Je sais fort bien que les gens qui n'en veulent pas s'écrieront que ces réformes ne feraient qu'augmenter la misère, c'est-à-dire la disette du travail, en rendant à la vie privée une foule d'employés et de fonctionnaires ; mais n'en prenez nul souci, car toutes ces réformes s'enchaînant dans leurs effets, amèneraient une consommation beaucoup plus grande et appelleraient ainsi une augmentation prodigieuse dans la production industrielle et agricole, ce qui exigerait une bien plus grande somme de travaux et d'emplois. En effet, la consommation appelle la production, et c'est la production, seule cause du travail, qui, de son côté, amène le consommation. Or, comme dans l'état actuel, le peuple travailleur est si misérable qu'il ne consomme rien pour ainsi dire, hors le pain qui le soutient, il est clair que le jour où il pourra consommer ce que consomment ses maîtres, c'est-à-dire la viande et le vêtement, il ne le pourra qu'à l'aide d'une augmentation de production vraiment inouïe.

Quoi qu'il en soit, que voyez-vous donc, s'il vous plaît, dans ces réformes, qui, à toute prendre, nous mérite la haine, le mépris et les persécutions, les calomnies de nos adversaires? qu'y voyez-vous qui ne se rapporte aux principes de notre devise pourtant gravée partout, jusque sur les murs de nos prisons et de nos bagnes : *Liberté, Egalité, Fraternité*. Qu'y voyez-vous enfin qui puisse nous attirer ces qualifications de *rouges*, de *communistes* et d'*anarchistes* que l'on nous prodigue de partout ?

Oh ! j'en suis sûr, votre bon sens, que tant de fois j'ai apprécié, se révoltera ; vous reconnaîtrez enfin de quel côté sont vos vrais amis, car vous sentirez, vous verrez que ceux-là même qui s'obstinent tant à nous combattre et à nous refuser ce que nous demandons, non pour nous, mais pour tous, auraient eux-mêmes tout à gagner si nous l'obtenions : en effet, à ce moyen, si la République était sainement et républicainement entendue, administrée et pratiquée, si l'agriculture, à l'aide de la puissance inouïe que lui donnerait surtout la création du *crédit foncier*, atteignait le degré de prospérité où elle est appelée, à ce moyen, dis-je, chacun, certain de son lendemain, soit par la fortune, soit par le travail, vivrait en paix dans la grande famille ; donc, plus de séditions, partant, plus de défiances, plus de haines, plus de complots, plus de ces moyens de basse police qui indignent les honnêtes gens, plus de nécessité d'armer le pauvre soldat contre son propre père, contre ses frères ; et à ce moyen aussi, le riche, débarrassé du spectacle de la mendicité et de la misère, qui, de nos jours, est pour lui une lèpre, un cancer, rassuré contre tout ce que sa peur et son égoïsme lui font redouter aujourd'hui, finirait par consentir à être heureux de bonne foi avec nous, par être aussi bon républicain que nous.

Donc, mes amis, vous l'adopterez ce programme ; il deviendra le vôtre, et quoi que l'on dise, quoi que l'on tente auprès de vous, vous le suivrez en l'imposant à vos candidats, ou plutôt vous ne voterez que pour les candidats qui viendront à vous avec ce programme ; vous le férez même, malgré les menaces, car ces menaces, vous pourrez en rire, certains que, maîtres le jour de l'élection, vous serez définitivement les maîtres le lendemain par vos mandataires.

Surtout n'écoutez pas ceux qui, incertains sur votre vote ou présumant qu'il sera hostile à leur parti, chercheront à vous dégoûter d'aller à l'élection. Allez-y, c'est votre devoir le plus impérieux ; souvenez-vous de ce que je vous ai dit en commençant. Allez-y avec une résolution ferme, et comme à l'avance votre choix aura été éclairé, que vous connaîtrez les noms proposés par vos frères, sans hésitation, sans peur, déposez votre bulletin dans l'urne, c'est peut-être ce bulletin qui sauvera le pays.

**FONTAINE**,

*Cultivateur au Fresne, près Conches (Eure).*

ÉVREUX. — Imp. de J. COSTEROUSSE, rue Joséphine, 20.